Desafíos de la Responsabilidad Social: de cara al Futuro
Libro colaborativo

J Felipe Cajiga, editor y varios autores.
Empresability, Movimiento Iberoamericano de Responsabilidad Social.

Los Autores

- **Carmen Márquez Calderón**
- **Glenda Ecker**
- **Darwin Daniel**
- **Elena Reyes**
- **Aideé Zamorano González**
- **Manuel Hurtado Fernández**
- **Reinalina Chavarri M.**
- **Mayra Flores Alvarez**
- **Bea Boccalandro**
- **J Felipe Cajiga**

Esta no es una publicación con finalidad de lucro, tiene por objetivo principal ser un instrumento de divulgación de las ideas e iniciativas que en torno a la Responsabilidad Social han planteado los autores y refleja solo su posición particular sobre cada uno de los temas que aborda. Esta publicación forma parte de las iniciativas colaborativas de Empresability, el Movimiento Iberoamericano de Responsabilidad Social.

La empresa de la nueva era

J Felipe Cajiga
Experto e impulsor de la Responsabilidad Social y la vida con propósito. Fundador del Movimiento Iberoamericano de Responsabilidad Social Empresability.

Sin duda que la empresa es una de las más importantes instituciones creadas por el hombre, siendo además la que ha demostrado sin duda la más capaz de generar riqueza y desarrollo para la sociedad como ninguna otra institución. Surge para cubrir la necesidad de llevar satisfactores a las necesidades del hombre, permitiendo mejorar en muchos casos la calidad de vida de las personas, sin importar en el lugar en el que se encuentren, es una institución de la que han ido de la mano los más grandes avances de la ciencia en muchos campos vitales como la salud, la educación, las comunicaciones, la ingeniería, las ciencias en general.

Pero porque es tan criticada entonces, pues porque en algún punto la fórmula comenzó a desbalancearse, el mejorar la vida de las personas, el satisfacer sus necesidades humanas, el resolver los principales problemas que nos aquejan dejó de ser el fin del negocio, cambiándose y confundiéndose con la utilidad que se generaba. Lo importante pasó a ser en sí misma no la generación de valor, sino la acumulación de riqueza a cualquier costo. Incluso a costa de quienes son sus propios clientes, a costa de su propia gente: sus colaboradores.

A lo largo de los años, se ha ido gestando un movimiento que ha tenido como constante el buscar reivindicar el papel de la empresa en la sociedad, muchos han sido los esfuerzos y muchos nombres los que han que hay solo uno. Hemos ido desde la discrecional decisión de un empresario de apoyar las causas que le son sensibles para hacer filantropía, pasando después a la llamada filantropía empresarial estratégica, que no es otra cosa que hacer lo mismo que hacían antes los empresarios con los fondos de la empresa, pero ahora a nombre de las corporaciones, con ciertos criterios, pero igualmente de forma voluntaria y discrecional.

De ahí dimos un salto cuántico hacia la ciudadanía corporativa, en la que la empresa se reconoció a sí misma como parte de la comunidad, que se beneficia y se afecta de acuerdo con la salud y bienestar de esta. Negocios sanos en comunidades sanas. Pero ser ciudadano no es suficiente, todos somos ciudadanos por cumplir ciertas características como vivir en cierta comunidad, tener cierta edad lo que nos da tanto derechos, como obligaciones.

Pero el ser ciudadanos, no nos hace buenos ciudadanos. Lo mismo pasa con las empresas, el solo hecho de reconocer que son parte de la comunidad, no los hace un ciudadano responsable.
Grandes y lamentables acontecimientos en la historia de las empresas fueron perfilándolas como insensibles a las necesidades humanas, egoístas en sus intereses, preocupadas solo por competir y ganar, por acumular riqueza y aumentar sus ventas a costa de lo que sea, sin ningún tipo de consciencia. Esa imagen llegó a tener tanta fuerza, que se convirtió en un estereotipo social el ver a los empresarios o a las empresas como esos señores ricos que solo les importaba acumular, acumular y acumular.

La empresa terminó desconectándose no solo de la sociedad, poco a poco de sus trabajadores, de sus clientes y construyendo relaciones cada vez más lejanas y utilitarias con sus accionistas. Pero el modelo no tardó en mostrar sus debilidades, empresas e industrias completas fueron víctimas de sus políticas y decisiones de corto plazo, que orillaba a sus directores y ejecutivos a buscar el resultado, a aumentar los números lo más rápido y más ampliamente posible, siendo este el principal indicador de éxito.

Crisis en empresas petroleras por importantes accidentes ambientales, crisis en la industria de bienes raíces que sobre ofertaban propiedades poniéndolas irresponsablemente en el mayor número posible de clientes (vender por vender) sin importar si eran capaces o no de soportar la compra y sus intereses, empresas de aviación y consultoras que se fueron a la bancarrota por malos manejos de comunicación, de confianza y de ética, el surgimiento de consumidores cada vez más exigentes y conscientes que fueron encontrando mejores formas de expresar sus opiniones y de influir en las decisiones de compra o no de ciertos productos que reflejaban intereses opuestos a los suyos.

El reconocimiento de algunas empresas y el señalamiento a otras de que sus decisiones y acciones tienen un impacto directo positivo o negativo sobre la sociedad y particularmente en los llamados grupos de interés (stakeholders). Llevó a la aparición (solo como concepto) de la responsabilidad social de la empresa. Que en la forma más simple de entenderla es la capacidad de la empresa de reconocer y responder al impacto de sus decisiones frente a terceros, remediando daños y afectaciones, anticipándose a evitar impactos negativos o maximizando los beneficios visibles de su actividad.

Pero igualmente parecía la buena voluntad de algunas y no la imperiosa necesidad de cambiar el ser de la empresa, lo que movía. Las acciones y reportes de responsabilidad más parecían un esfuerzo de comunicación de la empresa por mostrar sus buenas acciones y sus mejores intenciones que una convicción por actuar diferente. Igualmente, no se puede generalizar, porque hubo y hay muchas empresas que lograron avances importantes en hacer de la responsabilidad social un factor inherente a su forma de hacer negocios. Pero como siempre sucede las buenas noticias, no son noticia.

Tantos años de comportamientos erráticos y un pésimo manejo en la forma de comunicar, llevaban a la sociedad a hacer escéptica y la verdad que no se le puede culpar por ello, el mal comportamiento de muchas empresas los vacunó. Pero no todo está perdido, a pesar de todo la empresa sigue siendo una herramienta útil, efectiva y potente para generar crecimiento, desarrollo y bienestar para la sociedad a la que sirve.

Hay que regresar a las bases, no basta con ofrecer productos de buena calidad a un buen precio, no basta con ofrecer grandes promociones y regalos sorpresa por los que no queremos pagar a cambio de adquirirlos, no basta con grandes cheques donados una vez al año, con una jornada de reforestación o de llevar juguetes los niños de la casa hogar en la navidad.

Los clientes están cambiando sus patrones de consumo, se están dando cuenta del poder que tienen en hacer que las cosas vayan en el sentido que su visión, intereses y propósito quieren, presionan, opinan, deciden que productos, que empresas, que servicios son los que quieren en sus casas, en su comunidad, en el encabezado de los cheques que reciben cada quincena.

Qué decir de las nuevas generaciones, son más claras aún están dispuestas a sumar a sus vidas a aquellas marcas que les aportan un sentido, no quieren conformarse con quienes hacen lo que deben, con que hagan algo por el planeta, quieren compromiso que se refleje en todo lo que hacen cada día, quieren ver reflejada en ellas su forma de ver y entender la vida, en lo que les gusta, en lo que las lastima, en lo que las inspira.

El panorama del consumidor está cambiando, y las marcas inteligentes están utilizando el marketing orientado a un propósito para tratar de mantenerse conectadas, pero esto es un maratón y no una carrera de velocidad. Veremos quién es capaz de aguantar el paso, y quienes quedaran desinflados en el camino. Esto es serio, es real, el mundo cambio y el contexto empresarial y de los negocios no están exentos de esto.

Es cierto que la generación actual de consumidores está tomando decisiones de compra muy deliberadas, pero también lo hizo la anterior y de alguna forma las anteriores a ellas también, aunque quizá con menos información como ahora tenemos y sin tanta conciencia del poder que tenían sobre las marcas.

El concepto de que los consumidores compran marcas que confirman, mejoran o les permiten mostrar su identidad también sigue siendo cierto. Lo que ha cambiado es cómo la base de consumidores moderna define lo que les importa.

¿Qué parte de su identidad tienen más importante y en qué se diferencia de las generaciones anteriores?

Futerra una consultora de sostenibilidad recientemente hizo una pregunta importante a una muestra de 1.000 consumidores en los Estados Unidos y el Reino Unido: ***¿Crees que las acciones personales (como donar, reciclar y comprar éticamente) pueden hacer una diferencia real en el mundo?*** La respuesta fue un rotundo sí, ya que el 96% de los participantes respondieron afirmativamente.

Hace unos años era prácticamente invisible el ámbito profesional y comercial para la sostenibilidad y todas las formas de manifestación de la responsabilidad social. Hoy las cosas han cambiado, lo entiendan o no, lo adopten superficialmente o en profundidad, pero es muy difícil encontrar una empresa o un empresario que no hable de su responsabilidad social.

He de confesarles que me preocupaba mucho, la sinceridad de sus declaraciones, que no hubiera intensiones ocultas. Pero con los años he visto que para una empresa que se auto proclama socialmente responsables, lo que hace es poner todos los reflectores en su actuación, donde será mucho más costoso para ella fallar en ese compromiso, que lo que hubiera sido nunca haberlo establecido.

Casi naturalmente se ira obligando a tomar medidas diferentes, a cambiar sus decisiones y después la forma en las que las elige. Más pronto que temprano, he visto que muchas descubren en ese camino que esto no se trata de convencer a los clientes o a la opinión pública, se trata de hacer lo correcto porque es bueno para la empresa y bueno para la sociedad.

Sin embargo, promover exclusivamente la dedicación de su marca a la sostenibilidad u otras iniciativas filantrópicas puede quedarse corto. Las empresas deben hablar claramente de sus valores y como los viven, ese es el principio, pero para muchos consumidores esto ya no es quieren que tener en sus vidas a aquellas que les ayudes a vivir los suyos. Los compradores están invirtiendo su dinero en marcas orientadas a un propósito que invitan a sus consumidores a crear un cambio junto con ellos, en lugar de simplemente dar testimonio de lo que contribuyen a ello.

Durante años hemos visto como los esfuerzos de comunicación y mercadotecnia corporativas, de sostenibilidad y de responsabilidad social (RSE) de las actividades de marketing, sostenibilidad o RSC (responsabilidad social corporativa) relacionadas con la causa de las marcas promueven lo que la empresa está haciendo, lo que la empresa contribuye, en lugar de ser un vehículo de ayuda al consumidor a marcar su propia diferencia.

Las empresas son capaces no solo de contribuir a satisfacer las necesidades de la sociedad, a mejorar su calidad de vida, a incrementar los niveles de bienestar, a incluir a más sectores de la sociedad a la economía. La empresa puede formar parte de la vida de sus clientes si es capaz de convertirlos en sus inversionistas sociales, sus cómplices que los empoderaran a ellos (los clientes) a convertirse en esos agentes de cambio capaces de transformar su realidad en lo que a ellos les inspira.

La empresa moderna debe ser consciente de su papel, sostenible en sus procesos y responsable de sus decisiones. Debe marcar una ruta clara entre la oferta de un producto o servicio y el impacto que tendrán en el mundo. Para ello deben de contar historias, no una imagen ficticia creada para un comercial, que cambia la realidad de la persona con tan solo usar un producto o vestir una prenda. Las historias verdaderas de sus clientes, de sus colaboradores, de la gente que está cambiando su vida en la medida que sea, por y con la empresa.

Empresas como The Body Shop supieron crean una conexión con sus clientes a través de la narración de historias. La compañía fue fundada con la misión de empoderar a los pequeños proveedores globales con el fin de promover la sostenibilidad. Ha utilizado la narración de historias como una forma de invitar a los consumidores a conocer el mundo y la realidad de sus proveedores. Dar a los compradores una conexión íntima con la misión de su marca hace que el punto de compra se sienta como activismo. Mostrando a través de sus historias que hay detrás de ella, de donde vienen sus productos y hacia donde se encaminan sus esfuerzos.

Patagonia, es otra empresa que se ha construido una buena reputación por utilizar la mercadotecnia a partir de un propósito, lo que ha resultado en una amplia base de consumidores que le son leales. La compañía declaro que solo venderían sus chalecos a empresas que comparten su misión de responsabilidad frente al mundo. Este es solo uno de los ejemplos de cómo una empresa promueve su propia misión de sostenibilidad al mismo tiempo que ayuda a sus clientes a sentir que la compra de su producto puede tener un impacto positivo.

En estos dos casos, tanto el Body Shop como Patagonia utilizan narrativas para fomentar la conexión con el héroe social dentro de cada uno de sus clientes, pero algunas marcas están adoptando un enfoque más directo. Las empresas y las marcas se pueden alinear a cualquier propósito pueden ser una causa, pero también una forma de ver y entender el mundo puede ser aliviar un dolor o promover la alegría, existen tantos propósitos validos como habitantes en la Tierra.

No hay un guion o formula única para ello. Cada empresa tiene el suyo, que puede estar desde su origen, porque fue creada, para qué, qué ha logrado aportar a lo largo de su historia, que es lo que más valora la gente de ella, pueden ser luces que orienten hacia donde está su propósito.

El origen del propósito y su relación con la responsabilidad social puede hacer que equivoquemos su sentido, el propósito no tiene que ser la cara generosa de la empresa, no tienen que impactar directamente a toda la sociedad en su conjunto, tienes sobre todo que tener autenticidad y validarla con los hechos.

El propósito de la empresa o de la marca, es lo que le da un sentido a su existir, es lo que nos hará recordar su legado el día que no existan más.

Cada producto con propósito es en sí misma una oportunidad de cambiar el mundo una acción a la vez, en distintos ámbitos y múltiples causas. Una empresa con propósito pone ese sentido y a todas las personas en el centro de sus decisiones, dejando que el propósito evolucione naturalmente y vaya sumando a la gente con la que tenga resonancia.

La comunicación empresarial que lleva el objetivo de vincular con su debe ser capaz de poner a la gente, a su gente (clientes, colaboradores, vecinos, proveedores, inversores) a la vanguardia. La alianza entre empresa y sociedad fundada en un propósito permite a los clientes que se identifican verse como creadores de cambios, donde su producto o servicio es una especie de punto de entrada a su misión personal.
Las estrategias de participación del cliente, como el uso de la narración de historias y el intercambio de pruebas, son solo algunas de las muchas formas en que puede posicionar a su comprador como un agente de cambio.

Las empresas orientadas a un propósito son testigos de mayores ganancias de cuota de mercado y crecen tres veces más rápido en promedio que sus competidores, al tiempo que logran una mayor satisfacción de la fuerza laboral y del cliente. Los consumidores de hoy en día a menudo se identifican con el propósito de una marca, buscando conectarse a un nivel más profundo, incluso cuando la marca se alinea recíprocamente con quiénes son y quiénes quieren ser.

El propósito es la brújula que permite a la empresa no fallar en sus decisiones, le marca el rumbo. Es como el entrenador para un equipo, como las ideas para un libro, como el director para una orquesta, un propósito claro es todo para una organización. Es el alma, por qué y la identidad de una organización, proporcionando tanto una plataforma sobre la que construir como un espejo para reflejar porque es valiosa su existencia en el mundo.

En el mundo de hoy, el propósito es primordial. Pero al igual que fue con la filantropía, el compromiso con la comunidad, la ciudadanía corporativa y tantos términos que les han precedido, se corre el riesgo de que el propósito sean solo palabras, un bonito eslogan que sirva hasta que se pueda sostener sin darle un sentido. No todas las organizaciones consideran que el propósito es un ideal que lo abarca todo. Algunos lo consideran simplemente una herramienta para anunciar quiénes son y qué representan para capturar más cuota de mercado.

Pero en su forma más verdadera, el propósito es diferente del resto. ¿Cómo? Pues el propósito responde a una pregunta muy importante, "*¿Por qué existe una empresa?*" —y la respuesta puede servir de guía para toda la toma de decisiones de la organización.

El propósito va ligado a la sustentabilidad (en el tiempo), a la pertinencia y a la permanencia (en el gusto del cliente). Las empresas que lideran con propósito y construyen alrededor de él pueden lograr lealtad continua, consistencia y relevancia en las vidas de los consumidores. Aquellos que no logran identificar y articular su propósito pueden sobrevivir en el corto plazo, pero con el tiempo, es probable que las personas exijan más.

Las marcas que lideran auténticamente con propósito están cambiando la naturaleza de los negocios hoy en día, pero esto no es todo la transformación empresarial, de la economía y del consumo va también en otros ámbitos, la forma de producción, las dinámicas de trabajo, la innovación social, la forma de presentar y de llevar un producto o servicio a los clientes, la inclusión social que hace accesible la solución propuesta a la mayor población posible, liderazgos más conscientes, comunicación más transparente.

Las empresas y organizaciones que aprendan a liderar con desde el propósito, ser auténticos sus historias, congruentes en sus decisiones centradas en la persona y logren reflejarlo en su aporte a la sociedad, estarán superando a sus competidores y dejando un impacto en todos los que tocan.

Desarrollo, Empresas y Derechos Humanos: una oportunidad para enaltecer la responsabilidad social de las empresas

Glenda Ecker
Consultora en Responsabilidad Social. Profesora Universitaria. Yoguini. Creadora de "The Smiles Podcast". Cocreadora de "Now Bee You" Colombia

Según la CEPAL, América Latina tiene 625 millones de habitantes[1], de los cuales 167 millones viven en la pobreza que corresponde al 28% de la población y, entre ellos 71 millones viven en pobreza extrema que corresponde al 12% de la población. Para más información, 62,5 millones, o sea el 10% más rico de la población contiene el 71% de la riqueza, convirtiendo a América Latina en la región más desigual del mundo[2].

Ahora bien, **en América Latina, las empresas ¿por qué tendrían que comprometerse a respetar y promover los derechos humanos (DDHH)? y; ¿cómo interfiere en el desarrollo de este tipo de instituciones el respeto y la promoción de DDHH?**
En nuestra región, no son pocas las organizaciones que afirman que **respetar los DDHH debe ser una parte fundamental de sus** programas de responsabilidad social (RS), no solo porque es la forma indicada de actuar desde un punto de vista transparente y ético, sino porque proteger, respetar y fomentar los DDHH repercute efectivamente en toda la comunidad y los mercados. Sin embargo, queda muchísimo camino por recorrer.

---

[1] CEPAL (2016), "La población de América Latina alcanzará 625 millones de personas en 2016, según estimaciones de la CEPAL" http://www.cepal.org/es/noticias/la-poblacion-america-latina-alcanzara-625-millones-personas-2016-segun-estimaciones-la

[2] CEPAL (2015), "Se estanca la reducción de la pobreza y la indigencia en la mayoría de los países de América Latina" http://www.cepal.org/es/comunicados/se-estanca-la-reduccion-de-la-pobreza-y-la-indigencia-en-la-mayoria-de-los-paises-de

Por lo menos algunas iniciativas aisladas en nuestra región crean algún tipo de esperanza. Como la que se realizó en Medellín: el **Primer Foro Regional de América Latina y el Caribe sobre Empresas y DDHH**, organizado por el gobierno colombiano, en compañía del Grupo de Trabajo de la ONU sobre Empresas y DDHH y el PNUD. Colombia, es el primer país en Latinoamérica en contar con un "Plan de Acción Estatal de Derechos humanos y Empresas", según el expresidente Santos, "velar por los derechos humanos no solo debe ser una obligación del Estado, sino que tiene que ser un compromiso de toda la sociedad, y en ese contexto es fundamental la participación de las empresas –y de los empresarios–"[3].

En Argentina, la Red del Pacto Global y el PNUD desarrollaron una guía[4] para apoyar a las empresas en la puesta en marcha de los Principios Rectores de Ruggie. Asimismo, organizaron un colectivo dentro de la Red Argentina "Grupo de Trabajo de Empresas y Derechos Humanos" presidido por la empresa Sancor Seguros constituyendo una oportunidad para que las organizaciones se involucren de una manera más activa en la promoción y protección de los DDHH.

En fin, ahora en América Latina donde mueren 120.000 niños por década por causas evitables, donde 71 millones de habitantes tienen hambre severa, y las desigualdades son escandalosas[5], es el momento desde cualquier tipo de organización explorar **RS** a fondo **desde la acción respetando los DDHH de cada individuo.**

---

[3] http://www.derechoshumanos.gov.co/Prensa/2015/Paginas/Palabras-Presidente-Santos-Plan-Nacional-Accion.aspx

[4] El documento se titula "Guía de derechos humanos para empresas: Proteger, Respetar y Remediar: Todos Ganamos".

[5] Frase de Bernardo Kliksberg, padre de la gerencia social

Estrategias para implementar acciones de Responsabilidad Social en las empresas.

Carmen Márquez Calderón
Consultora en igualdad de género en EUROSOCIAL
México

La urgencia de contar con una estrategia de igualdad de género en las empresas.

La igualdad de género como una estrategia empresarial para pequeñas, medianas y grandes organizaciones es indispensable porque, aunque en la mayoría de los países de América Latina y el Caribe, la igualdad entre mujeres y hombres es un derecho consignado al más alto nivel de la legislación, todavía estamos lejos de que esto sea una realidad.
La Comisión Económica para América Latina y el Caribe (CEPAL) calcula que, los efectos de la pandemia mundial por COVID-19 provocará una reducción de los niveles de ocupación de las mujeres que representa un retroceso de al menos 10 años.

De acuerdo con los últimos datos publicados por la Comisión Económica para América Latina y el Caribe (CEPAL):

- El índice actual de participación de las mujeres en la población activa se aproxima al 49%. En cambio, el de los hombres es del 75%.
- Las mujeres ocupan dos tercios de su tiempo en trabajo no remunerado y un tercio en trabajo remunerado, mientras que los hombres ocupan su tiempo en la relación contraria.
- En cuanto al sector tecnológico, las mujeres representan 10% de las personas dedicadas a la programación y 14% en tecnologías de la comunicación, este restringido acceso tiene que ver con limitaciones del sistema educativo, estereotipos de género, discriminación laboral, desigualdad en el cuidado doméstico y de cuidados, estrategias de reclutamiento que no hacen evidentes las brechas de género.

- En promedio el 21.9% de las mujeres trabajan en actividades de comercio, la alta concentración de mujeres en sectores de comercio, servicio doméstico y actividades de alojamiento y servicios de comida se ha asociado con una elevada incidencia de trabajo a tiempo parcial y salarios relativamente bajos (OIT, 2016).

Este contexto debería traducirse en igualdad de oportunidades para participar en el empleo y en todos los aspectos de la sociedad, lo cual actualmente no sucede.

Vivimos un momento particular en la región y en el mundo. La crisis de la COVID-19, el progreso tecnológico, el aumento de la esperanza de vida de la población, el cambio climático y la globalización, junto a situaciones estructurales de informalidad, desigualdad, pobreza y baja productividad, marcan la agenda del presente y futuro del trabajo. En este sentido, en todas las regiones, las mujeres han tenido más probabilidades que los hombres de abandonar el mercado laboral y quedar inactivas durante esta crisis. Los trabajadores peor pagados, muchos de los cuales son mujeres, se han visto gravemente afectados.

Así mismo, los efectos de la pandemia entrañan el riesgo de que se inviertan los progresos realizados y se fortalezcan aún más esas brechas, en particular para las mujeres que sufren desventajas y discriminación por motivos múltiples, como el género, la etnia, la discapacidad y otros.

Mediante esfuerzos como la convocatoria para mujeres en la alta dirección, el comité de prevención y atención a casos de violencia, las medidas de corresponsabilidad como horarios flexibles, trabajo desde casa, cabinas de lactancia, la red de diversidad sexual y la capacitación en igualdad, las empresas podrán generar una estrategia de igualdad que no implica grandes inversiones al presupuesto de la operación y tendrán beneficios en el clima laboral, fidelización de los colaboradores, atracción y retención de talento, reducción de brechas así como ser referentes en la igualdad entre mujeres hombres que tanto necesitamos.

El negocio es mejor circular....

Darwin Daniel
CEO of Inversa Consulting
Venezuela

A medida que la economía crece, necesitamos más materias primas para la producción de bienes, nuestras economías se han vuelto tan grande que tenemos que cuestionar la sabiduría de extraer cada vez más materias primas y tirar cada vez más desperdicios. Este modelo insostenible actual que consiste en "tomar-hacer-usar-disponer" se llama economía lineal.

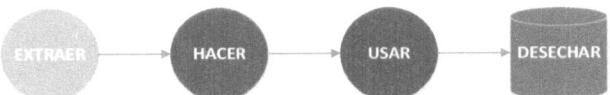

Si fijamos nuestra atención un poco en nuestro comportamiento como consumidores. En término general la sociedad ha incrementado sus consumos con una satisfacción por el producto o servicio relativamente corta, con esto me refiero a que en promedio un producto pueda durar en manos del comprador entre 6 a 12 meses debido a: modelo nuevo en el mercado, ya no le es útil, el uso del artículo fue puntal, entre otras más.

Los diseños están en constante cambios para lograr atraer al comprador y lograr su fidelidad. Sin embargo, nos enfrentamos a nuevos retos, la población crece exponencialmente y los consumidores de clase media actuales están disfrutando de muchas cosas que hace años eran tan solo para un determinado estatus social y se estima que en los próximos 20 a 30 años más de 2 mil millones de nuevos consumidores entraran en el mercado donde ejercerán una fuerte presión en la sociedad.

Si continuamos con este modelo lineal ¿realmente tendremos lo suficientes recursos para abastecer la población mundial?
La mayoría estamos acostumbrados a solo usar y desechar, pero ahora debemos **poner acción para crear una cultura de reutilización** en la que cada artículo o material que utilizamos en lugar de desecharlo se regenere. Se debe mejorar la cultura alimentaria a nivel global, ya que es la verdadera fuerza impulsora detrás de este desperdicio excesivo.

La naturaleza nos ha brindado la fórmula de la sostenibilidad desde sus inicios. Cuando un animal muere sus restos nutren la tierra y con energía renovable (el sol) crea a otro ser vivo (las plantas). Si simulamos el proceso de la naturaleza al proceso del hombre podemos cerrar el ciclo y estaríamos rediseñando el modelo de negocio a una **economía circular (EC).**

La **EC** se inspira en el sistema natural la cual permite disminuir radicalmente la extracción de materias primas y la producción de residuos. Lo hace recuperando y reutilizando tantos productos y materiales como sea posible, de una manera sistémica, una y otra vez, se centra en la "fabricación / re-fabricación - uso / reutilización".

La Fundación Ellen MacArthur define a la economía circular como una alternativa reparadora y regenerativa, la cual pretende conseguir que los productos, componentes y recursos en general mantengan su utilidad y valor en todo momento. Este concepto distingue entre ciclos técnicos y biológicos; en pocas palabras es una solución atractiva y viable que ya han empezado a explorar distintas empresas.

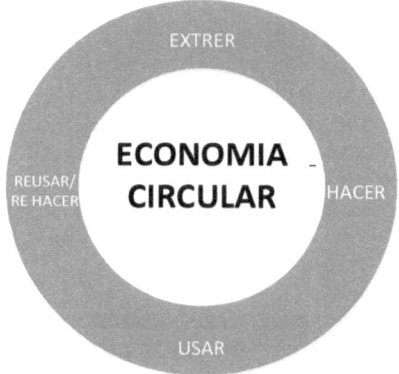

Existen varios principios que deben considerarse entre las cuales tenemos:
- Desperdicio = materia prima
- Diversidad.
- Energías renovables.
- Sistemas de trabajos.

Desperdicio = materia prima: Si rediseñamos los productos para que puedan reutilizarse o desarmarse al final de su vida útil, podríamos generar valor en procesos donde estén generando gastos.

Diversidad: Una empresa pueden obtener un mayor valor de la diversidad al compartir fortalezas y tener un mayor conjunto de recursos para aprovechar en su cadena de valor.

Energía renovable: Es altamente beneficioso hacer uso de energía renovable en una economía circular.

Sistema de trabajo: el objetivo es involucrar muchos actores que trabajan conjuntamente para crear flujos efectivos de materiales e información. Nos referimos a las conexiones entre personas, lugares e ideas y ver cómo podemos crear oportunidades para generar ganancias sociales.

Hacia un futuro sostenible...

Para cerrar los ciclos es importante crear modelos adecuados que garanticen ganancias a largo plazo. Existen varios procesos que son claves para el desarrollo de una economía circular entre los principales tenemos:

1. Recuperación del producto
2. Reprocesamiento
3. Re-marketing.

Recuperar el producto en termino de cantidad, calidad y al precio razonable, son los primeros pasos hacia una economía circular. Seguidamente el reprocesamiento de estos productos que cubra las expectativas del mercado. El remarketing juega un rol importante para ubicar y manejar el flujo de información necesaria que facilite la salida de estos productos.

Con la adecuada estrategia e inversión, en tiempo y educación en los consumidores estos procesos permiten la sostenibilidad e impacta a la triple cuenta de resultados: económico, social y medio ambiente.

Innovación en los negocios

Para una economía circular se necesita que todas las industrias contribuyan, y no sigan fomentando la economía lineal, como el desarrollo de empaques de un solo uso donde, compramos, retiramos la envoltura y luego lo desechamos.

¿Pueden las empresas cambiar sus modelos de negocios a un modelo circular? Los desafíos no solo se centran en el diseño de los procesos, sino también podríamos atribuir a la necesidad de un liderazgo responsable dispuestos a seguir generando rentabilidad haciendo lo correcto. Con una adecuada asesoría es totalmente viable que toda organización sin importar su tamaño logre un modelo de negocio sostenible.

Varias empresas se han visto presionadas durante mucho tiempo para que asuman una mayor responsabilidad por los artículos de un solo uso que venden. Gracias a muchas iniciativas el consumidor cada vez se siente más atraídos por empresas socialmente responsables, por productos reprocesados e inclusive se involucran en el mejoramiento continuo del mismo por medio de estrategias de comunicación efectivas generando valor en la cadena de suministro.

Actualmente existen muchos casos de éxito en diferentes países, que han logrado romper todo tipo de paradigmas y generar grandes rentabilidades. Como: Burberry, Gap, H&M, HSBC, Starbucks, McDonald's, fabricantes de teléfonos como fairphone y muchos más. Como empresarios, organizaciones, gobiernos y ciudadanos somos responsables de los impactos que generamos en nuestra economía, en la sociedad y el medio ambiente. Hay muchas formas de contribuir con este nuevo modelo de negocio. A continuación, les menciono algunas de ellas:

Gobiernos: impulsar el desarrollo sostenible incentivando el comercio local, crear leyes que faciliten el proceso de reciclado y recolección, fomentar el uso de energías renovables.

Empresarios: diseñar productos reutilizables y reciclable. Enviar al mercado productos y servicios de larga vida útil y que impacten lo menos posible nuestro planeta. Incentivar al personal para un consumo responsable.

Organizaciones sin fines de lucro: comunicar y orientar a la ciudadanía sobre la importancia e impactos de la economía circular.

Consumidores: adquirir productos de larga vida, productos 100% reciclables, apoyar iniciativas de mejoras de huella ambiental de empresas, organizaciones y gobiernos e iniciar una cultura de reutilización por el bien de la sociedad y el planeta.

Todas estas acciones son totalmente factibles y se ha comprobado que aumentan considerablemente la rentabilidad, ahora está en manos del liderazgo responsable en fomentar y desarrollar la economía circular como nuevo modelo de negocios.

La Salud y la Responsabilidad Social en las Empresas.

Elena Reyes
Socia en Salud Global, Salud y Bienestar Corporativo
México

Son tiempos difíciles, de cambios y transformaciones importantes en el tema de salud, por eso hoy quiero hablarte del impacto social entre la salud y la responsabilidad social de las empresas.

En el transcurso de esta pandemia por Covid 19; hemos visto durante más de 1 año, como el sistema de salud fragmentado, ha sido rebasado por las miles de muertes que se han presentado en países como EU, Brasil, India, y México; ¿pero ¿qué tienen en común estos países? ¿qué ha detonado ser el ojo del huracán ante el COVID 19? definitivamente un virus que llego para quedarse.

Durante muchos años, estos países han sufrido grandes problemáticas sociales derivadas de sus sistemas de salud enfermos y deficientes, débiles, que no han logrado una cobertura universal en salud a la población usuaria; han sido sistemas de salud fragmentados con un modelo viejo en el que participan el sector público y privado.

Lo que tienen en común estos países es la gran demanda de la población usuaria que no cuenta con cobertura universal para cubrir los costes de la carga de la enfermedad; el gasto de bolsillo excesivo y la infraestructura deficiente y obsoleta, carente de inversión; sumado a ello la falta de personal de la salud capacitado y con alto riesgo profesional. Esto se vio reflejado con la pandemia de COVID 19 en estos países, que a pesar de los esfuerzos. no han logrado contener y mitigar el impacto de los índices de mortalidad y morbilidad en su población.

Esto conlleva a hablar del impacto que estas muertes dejan huella en las empresas, pues algunos estudios afirman que más del 90% de los hombres y mujeres que tuvieron COVID 19 o que fallecieron por causa de este letal virus, fueran trabajadores y obreros en un rango de edad de los 30 a 68 años.

Por esta razón, el interés de hablar sobre la Responsabilidad Social en las Empresas en el tema de la Salud Laboral, y es aquí donde quiero poner énfasis; he participado como profesional de la salud, he visto la muerte de cerca, estar al frente de la primera línea para la contención y atención de pacientes de COVID 19, que definitivamente estamos ante una de las mayores crisis sociosanitarias en la historia de la humanidad.

Sentía que era mi deber contribuir como especialista para evitar más muertes, lamentablemente esto no se reduce solo a mi acción individual, sino que tiene un carácter colectivo, pero también social; donde como sociedad en general, desde los sectores, grupos sociales, académicos, investigadores, empresas e instituciones públicas o privadas, debemos de promover la salud y prevenir enfermedades infecciosas y juntos tenemos que hacer frente a esta pandemia.

Por eso la importancia que las empresas colaboren en la prevención y la promoción a la salud pública; puesto que los trabajadores han sido los más afectados no solo en el bolsillo, no solo en quedarse sin empleo, no solo en la falta de cobertura de salud sino el riesgo de exposición que hay en sus centros de trabajo a través de los brotes que se han presentado en diversas industrias; por mencionar algunas la industria de autotransportes, construcción, manufacturera, de seguridad privada, de limpieza y entre los hospitales y clínicas; quienes fueron grupos de alto riesgo, pero también formaron parte de las actividades esenciales para continuar con la vida laboral y económica de este país.

Es aquí, donde entra la utopía ¿salud o economía?; por ahí dicen "si no hay economía, la gente morirá de hambre? Y mi pregunta es ¿Cuántas muertes más por la economía? ¿Quién se hace responsable de todas esas muertes y de los niños huérfanos que ha dejado la pandemia? Sin duda, debemos reflexionar a profundidad y con resiliencia, pero también con responsabilidad social.

En este contexto de la realidad mundial, las empresas socialmente responsables; son aquellas que tienen el compromiso con la sociedad para promover la salud, gestionar programas eficientes de salud laboral, colaborar en la promoción de programas de detección de enfermedades crónico-degenerativas, contribuyendo con insumos y materiales, siendo gestores de políticas públicas en salud, y proporcionar financiamiento para generar un valor agregado en las campañas de salud pública.
Las empresas socialmente responsables, son esas empresas que buscan contar con trabajadores sanos, que eleven la productividad de la empresa pero que también cuenten con programas de salud laboral, eficientes, medibles y auditables.

Estas empresas buscan la gestión en salud y bienestar para sus colaboradores, políticas que se alineen a la misión y visión, políticas de Recursos Humanos que vayan de la mano con la detección de riesgos laborales para mejorar la sostenibilidad de las empresas.

Esto permitirá que aumente la productividad de la empresa, mejorar la imagen corporativa y tener mayor competitividad, motivación de los trabajadores y generar una cultura de seguridad y salud en el trabajo.

En una época donde se habla de transparencia, de inclusión, de responsabilidad social, de combatir los riesgos psicosociales que conlleva el trabajo y ante una nueva cultura empresarial; hemos visto la importancia de que las empresas participen activamente en promover la gestión de programas de salud y bienestar corporativo con acciones esenciales y buenas prácticas; que no solamente se quede en papel, que no solo se hable de ello, sino que se lleven a cabo y se realicen en la práctica y que sus empleados y colaboradores sean los más beneficiados.

No es una acción únicamente del gobierno, o de las instancias internacionales, son acciones colectivas, que desde nuestra trinchera busquen mejorar la adaptabilidad y resiliencia ante un futuro económico incierto. Donde cada sector contribuya y busque establecer lazos de igualdad, equidad, solidaridad y sostenibilidad.

Por último, todas estas acciones tienen un impacto positivo en los colaboradores, pero también en la empresa, y por lo tanto en la sociedad; porque evitaremos menos carga de enfermedad poblacional, menos gasto de bolsillo, disminuiremos las tasas de ausentismo laboral, las tasas de accidentabilidad, la tasa de morbimortalidad por enfermedades crónicas y contribuiremos a la salud pública de nuestro país.

Los desastres no son naturales.

Aideé Zamorano
Climate Change Adaptation Program Manager en Z Zurich Foundation. Integrante del equipo de liderazgo para la Zurich Flood Resilience Alliance. México

Los desastres son una construcción social, resultado de una falta de gestión integral de riesgos adecuada, ausencia de gobernanza[6] y nula comprensión del riesgo por los tomadores de decisiones y la población en general.

Para una reducción de pérdidas económicas, de infraestructura y de vidas humanas, es necesaria la articulación entre el sector público, **privado** y social.

La prevención es la única herramienta a la que las personas (y gobiernos) tenemos acceso para proteger bienes públicos y privados y conservar la vida tras un efecto perturbador. Por lo que el término de resiliencia debe ser entendido como la capacidad de anticiparse a escenarios de riesgo. Los Estados no pueden reponerse después de un impacto, si antes, por ejemplo, no se habían preparado para los posibles daños en la infraestructura.

La resiliencia y la comprensión del riesgo de desastres se pueden construir de la base hacía arriba y eso sólo se logrará a través de articular políticas públicas que permitan una gestión integral de riesgos donde se coordinen los tomadores y tomadoras de decisiones para trabajar con la población, con las empresas y con las organizaciones de la sociedad civil.

---

[6] "La nueva gobernanza registra un cambio en el equilibrio entre el poder público y los poderes económicos y civiles, así como resalta los poderes, las capacidades y los recursos en posesión de los actores sociales, que hay que despertar y aprovechar para la realización de las metas comunes. Metafóricamente dicho, registra el debilitamiento del poder estatal, que toma el nombre tan llamativo como exagerado de "el vaciamiento del Estado" y registra a la vez el fortalecimiento de la sociedad económica y civil" (Aguilar, 2007).

Es a través de políticas públicas que se promueve la gobernanza, trabajar en alianza en la identificación y definición de los riesgos sistémicos que enfrentamos como sociedad permitirían la mejora de estrategias y la reducción de pérdidas económicas, de infraestructura y humanas. Las organizaciones públicas y privadas deben trabajar por un marco de gobernanza para la reducción de riesgos de desastres con la idea de "no dejar a nadie atrás". Una población informada y participativa hace toda la diferencia.

La resiliencia no es sólo una palabra de moda, **resiliencia no es solo recuperación, no es lo opuesto a vulnerabilidad. Es el medio** para contribuir al entendimiento del riesgo, es la capacidad de transferir conocimiento, recuperar los conocimientos comunitarios y dotar de capacidades técnicas a las personas, a las organizaciones públicas y privadas y a los gobiernos para que, desde lo local, contribuyan al bienestar de la población y así alcancemos el desarrollo sostenible.

Las inundaciones en el mundo y en el territorio mexicano representan a uno de los fenómenos que más pérdidas generan, su impacto y ocurrencia con mayor frecuencia se han intensificado como consecuencia de la pérdida acelerada de la biodiversidad y elevación de la temperatura global, entre otras. El área del territorio mexicano es de 1.972.550 km2, 45% está expuesto a inundaciones, lo que representa a setenta y siete millones de mexicanas y mexicanos (CENAPRED, 2018).

El proceso de articulación de la resiliencia y la gestión integral de riesgos como política pública en México tiene como antecedente directo el sismo de 1985 en la Ciudad de México. Después de este evento, y con el apoyo del gobierno de Japón y la Universidad Nacional Autónoma de México, el siguiente año, se fijaron las bases para el establecimiento del Sistema Nacional de Protección Civil (SINAPROC), una política pública de respuesta reactiva ante los desastres.

En estricta teoría el SINAPROC coordina las diferentes actividades en los niveles de gobierno, la sociedad civil y la iniciativa privada para dar respuesta después de la emergencia de una forma coordinada que permita el restablecimiento de servicios básicos y continuidad de los negocios. En México, los Municipios y Estados son los responsables de salvaguardar la integridad de los ciudadanos. La Ley de Protección Civil contempla preparación en búsqueda y rescate, primeros auxilios, evacuación y establecimiento de refugios temporales.

Sin embargo, en caso de desastres, México no cuenta con un protocolo de acción entre ciudadanía, sociedad civil organizada, sector privado y gobierno en el que todas las personas sepan el actuar ante emergencia pues hay desconocimiento de los riesgos y vulnerabilidades

Para ello es esencial una estrategia en dos frentes, por un lado, evaluar y mejorar el actuar de las autoridades antes y durante un desastre y, por otro lado, crear y fortalecer canales de comunicación para articular los esfuerzos conjuntos entre los diferentes órdenes de gobierno, empresas y miembros de la sociedad civil.

Respecto al primer tema, algunos miembros de la OCDE realizan evaluaciones post evento que les permite crear regulaciones a partir de la experiencia en materia de protección civil. En México, a nivel federal, el Centro Nacional para la Prevención de Desastres (CENAPRED) realiza evaluaciones del impacto de los desastres y en ellos se evalúa el actuar de las autoridades.

Sin embargo, respecto al segundo punto, el reto está en comunicar al grueso de la población las vulnerabilidades por zonas. La falta de educación sobre riesgos y la omisión de canales de comunicación para la diseminación de información sobre los mismos para todos los niveles de la población (urbanos y periurbanos) nos convierte en una sociedad vulnerable social y financieramente. Cabe destacar que, en la última versión de la Ley General de Protección Civil, se enuncian los grupos voluntarios como un mecanismo de participación y coordinación con el SINAPROC.

En el caso mexicano, si perseguimos el objetivo sobre el que se construyó el SINAPROC, se requiere de un trabajo intersectorial y participativo que incluya a las comunidades a nivel subnacional, lo que requiere de abrir espacios para dar voz a las organizaciones públicas que participan en la gestión integral de riesgos, y llevar estrategias de comunicación y educación a la población para la provisión de materiales y foros acorde a la edad, género, escolaridad, vulnerabilidades y situación geográfica.

El Global Risks Report 2019 del Foro Económico Mundial, señala que los resultados de la inacción climática son cada vez más claros, provocando efectos en diversos ámbitos como el bienestar de las personas (WEF, 2019). El reporte destaca que el clima extremo fue el riesgo de mayor preocupación y que los riesgos ambientales dominan los resultados de la encuesta.

Lo anterior se refleja en el mapa de interconexión de riesgos globales que se presenta en la siguiente imagen:

Figure III: The Global Risks Interconnections Map 2019

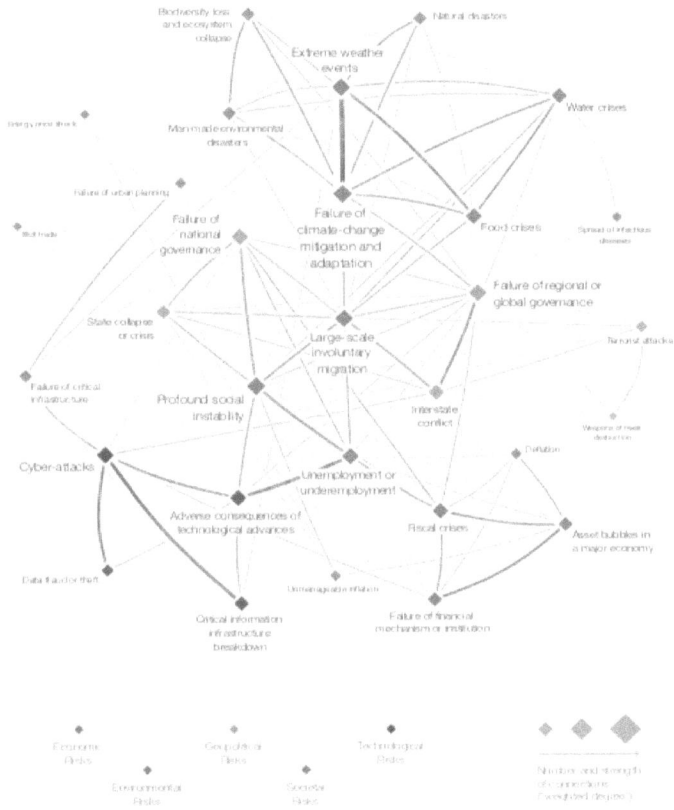

Fuente: World Economic Forum (2019)

Entre los riesgos derivados del cambio climático, destacan las inundaciones definidas como el *"rebase de los límites normales de confinamiento de una corriente u otro cuerpo de agua, o la acumulación de esta sobre áreas que por lo general no están sumergidas"* (IPCC, 2012).

De acuerdo con el Programa de las Naciones Unidas para el Desarrollo (PNUD, 2017), de todos los desastres ocasionados por fenómenos naturales, las inundaciones son las más frecuentes en todo el mundo, y algunos de los mayores desastres se han producido en las zonas costeras. Además, "las inundaciones tienen el mayor potencial de daños de todos los desastres en el mundo y afectan al mayor número de personas" (UNSDIR, 2002).

Lo anterior significa que no solo las inundaciones presentan riesgos por su alta frecuencia, sino también por su alto potencial de daños físicos y número de personas afectadas y su alta probabilidad de incrementar su frecuencia y potencial de desastres al ritmo en que se acentúen los efectos de la crisis climática.

La actual crisis climática pone de manifiesto la necesidad de hacer cambios radicales a los paradigmas dominantes, no solo en materia de gestión de desastres, sino también en materia de gobernanza y desarrollo, implementación y evaluación de políticas públicas.

Atendiendo al Objetivo de Desarrollo Sostenible diecisiete que se refiere a las "Alianzas Estratégicas", puedo compartir la experiencia de la Zurich Flood Resilience Alliance, (La Alianza para la Resiliencia ante Inundaciones de Zurich) es una colaboración multisectorial entre Zurich Insurance Group, ONG y la academia, impulsado por la Z Zurich Foundation.

Nuestra meta:

Incrementar los medios sociales, políticos y la inversión financiera en la construcción de resiliencia ante inundaciones en la comunidad a través de socios públicos, privados y del sector terciario.
El Programa en México se realiza a través de la Cruz Roja Mexicana, la Federación Internacional de Sociedades de la Cruz Roja y la Medialuna Roja y Zurich Insurance Group.

Es un esfuerzo impulsado desde 2013 y que se encuentra en su segunda fase que contempla desarrollarse entre 2018 y 2024. En la primera fase se desarrolló en Jonuta, Tabasco, mientras que en la segunda etapa se desarrolla en Teapa, también en el estado de Tabasco.

El programa busca crear capacidades de resiliencia comunitaria para las comunidades que se ven afectadas por inundaciones a través de acciones de preparación y respuesta, así como de la promoción de sinergias entre sociedad, empresas, organizaciones sociales y gobierno para la conformación de trabajo comunitario para la protección del entorno.

Esta práctica fue reconocida en 2019 con el Premio Nacional de Protección Civil, se ha convertido en una referencia de creación de resiliencia impulsada desde el sector privado en sinergia con la comunidad, el gobierno y las organizaciones sociales. El programa ha podido influir en el Plan de Desarrollo de Tabasco y ha participado en diferentes foros y herramientas de evaluación con organizaciones públicas de protección civil a nivel local, estatal y nacional.

La Alianza de Resiliencia ante Inundaciones cuenta con mediciones de línea base en veintitrés territorios alrededor del mundo. En México, específicamente en Jonuta, Tabasco hay estudios de cierre de la medición (2013 – 2018).

La FRMC (Flood Resilience Measurement for Communities[7]), creada por la ZFRA, tiene cuarenta y cuatro fuentes de resiliencia y evalúa a las comunidades en los capitales: financiero, físico, humano, natural y social, lo que permite fortalecer la resiliencia comunitaria. Las organizaciones de la sociedad civil que aplican la herramienta en campo pueden medir antes de proponer soluciones, pues la herramienta arroja resultados sobre qué aspectos deben solucionarse en el tejido social para lograr una gestión integral de riesgos.

A través de la FRMC de la Alianza ante Inundaciones de Zurich, se analizan variables a través de encuestas que se aplican casa por casa para evaluar la vulnerabilidad de las familias en la zona a trabajar.

Si el Programa de Resiliencia ante Inundaciones de México logró desarrollar 19 brigadas formadas y capacitadas en 20 comunidades rurales en Tabasco entre 2013 y 2018, un programa nacional articulado con todos los actores relevantes podría contribuir a un cambio en el paradigma de la resiliencia para México. De sumar esfuerzos, los resultados obtenidos a través de la aplicación de la encuesta de la FRMC que la alianza ha trabajado ante inundaciones pueden generar un punto de partida importante para el desarrollo de las comunidades vulnerables ante inundaciones en el territorio mexicano.

Como testigo de la incidencia de la Alianza en México, ante el evento de inundación de noviembre 2020, las brigadas comunitarias en Jonuta, Tabasco, generaron una carta dirigida a la autoridad de Protección Civil. La zona no había sido incluida en la declaratoria de emergencia, pero los brigadistas capacitados por la Alianza ante Inundaciones realizaron la evaluación de daños y análisis de necesidades garantizando así la entrega de ayuda a las más de 500 familias afectadas por ese desastre.

Un ejemplo del impacto real de estrategias que pueden desarrollarse utilizando marcos de gobernanza para la reducción de riesgos.
En conclusión, la construcción de resiliencia comienza por un marco de gobernanza que fomente y articule de forma coordinada la participación de gobierno, empresas y sector social. En este sentido, esta propuesta nos permite como país acercarnos al cumplimiento de los Objetivos de Desarrollo Sostenible, sin dejar a nadie atrás.

Para conocer más sobre la Alianza: https://floodresilience.net/ o en español: https://infoinundaciones.com/

---

[7] Medición de resiliencia ante inundaciones para las comunidades

La herramienta FRMC sin costo y el enlace para aprender a aplicarla puede consultarse aquí https://floodresilience.net/frmc/

Educación Prenatal Natural en el contexto del bienestar organizacional, la sostenibilidad y la RSE

Manuel Hurtado
Contenidos ✔ Social Media ✔ Gestión de redes sociales ✔ Comunicación y Marketing Digital ✔ Comunicación Corporativa ✔ RSC ✔ Información Digital ✔ Blogger ✔ Content Curator ✔ Copywriter
España

Un nuevo paradigma empresarial está surgiendo, algunos de cuyos rasgos característicos son el **poner a las personas en el centro**, el prestar atención a **todos los grupos de interés** de la organización, y el ser cada vez más conscientes del importante papel que pueden (y deben) desempeñar las empresas en los ámbitos económico, social y medioambiental.

En este contexto, hay un grupo de interés que está cobrando el protagonismo que se merece: el de **los empleados** de la organización. De tal manera que las empresas están dedicando cada vez mayor atención y recursos a **cuidar de sus trabajadores**. Esto era así antes de la pandemia y se ha visto potenciado con ella.

Desde la perspectiva de la gestión de recursos humanos, la gestión de personas o la gestión del talento (o cualquier otra denominación que se le dé a esta importante función de toda empresa), la creciente atención y cuidado de los empleados tiene su expresión en tendencias empresariales tales como el **employer branding** (atraer y retener al mejor talento haciendo atractiva a la organización como lugar donde trabajar y desarrollarse personal y profesionalmente), el **employer advocacy** (conseguir que los empleados sean los mejores embajadores de marca de la organización) o el **employee experience** (la experiencia del empleado, definida como la percepción general que un trabajador tiene de su relación con la empresa).

En todos estos casos entra en juego la **propuesta de valor hacia el empleado** (PVE), que es el conjunto de beneficios que ofrece una compañía a sus trabajadores. La PVE puede incluir beneficios tangibles e intangibles.

En este contexto hay que mencionar también el **salario emocional**, el cual desempeña un papel cada vez más importante, y que está formado por "aquellas retribuciones no económicas que permiten incentivar el buen ambiente laboral, incrementar la productividad y satisfacer las necesidades personales, familiares o profesionales de los trabajadores, **mejorando su calidad de vida**".
Bienestar organizacional, sostenibilidad y RSE

Otra de las tendencias empresariales que están surgiendo como consecuencia del creciente interés por el cuidado de los empleados, es la del **bienestar organizacional.**
Así, por ejemplo, están surgiendo **Modelos de Bienestar Organizacional** como el que recientemente se mencionó en el Fórum de Organizaciones Saludables (celebrado en modalidad virtual el 24 de junio de 2021).

Un Modelo en el que se potencia la **calidad de vida organizacional**, y que impulsa organizaciones caracterizadas por las 4 S's: **Seguras, Saludables, Sostenibles y Solidarias**. Un Modelo que, asimismo, se enmarca en el denominado **humanismo empresarial**, y en el que no sólo se tiene en cuenta el **BienESTAR** sino también el **BienSER**.
Otro de los modelos es el de las empresas **SFS (Saludables, Felices y Sostenibles):** "Una empresa saludable, flexible y sostenible es aquélla que, sabiendo que su mandato de supervivencia es la rentabilidad, promueve entornos de trabajo adaptativos y resilientes basados en la colaboración, la flexibilidad, la confianza y respeto a la conciliación de la vida personal, familiar y profesional; implementa buenas prácticas para la prevención y cuidado de la salud física y mental de sus empleados, y tiene una visión integral y responsable de su entorno, en el que genera un impacto positivo y duradero, siendo sus colaboradores agentes activos del cambio".

Por lo que acabamos de mencionar hasta ahora, se vislumbra ya la estrecha relación existente entre **bienestar organizacional y sostenibilidad**.

Por lo demás, el **bienestar organizacional** también enlaza con la **RSE** (Responsabilidad Social Empresarial), toda vez que **sostenibilidad y RSE** están estrechamente relacionados, y porque el **bienestar organizacional** encuentra un marco privilegiado en la **RSE "interna"** (aquélla que tiene como destinatarios los grupos de interés internos de la organización, en especial sus propios empleados).
Asimismo, y hablando en términos de **Objetivos de Desarrollo Sostenible**, el **bienestar organizacional** está fuertemente vinculado con varios de los **ODS**.

¿Qué factores influyen en el bienestar del empleado?

Estrechamente ligado con el bienestar organizacional, y como no podía ser de otra manera, se halla otra tendencia empresarial en auge: el **bienestar del empleado**.

Surge ahora la pregunta: **¿Qué factores influyen en el bienestar personal?** Dicho con otras palabras: ¿Qué factores influyen en el bienestar del empleado y, por ende, en el bienestar organizacional?

Sin duda la **salud** es uno de ellos, entendida ésta de una manera holística, como por otra parte la define la propia OMS: "La salud es un estado de completo bienestar físico, mental y social, y no solamente la ausencia de afecciones o enfermedades".

Otro de los factores que entran en escena al hablar del bienestar personal y organizacional es el que tiene que ver con **la dimensión familiar del empleado**.

Este creciente interés por su dimensión familiar se manifiesta de manera emblemática en el creciente interés por la **conciliación**.
Pero además de la conciliación, recientemente están surgiendo iniciativas que también ponen el acento en cuidar la dimensión familiar del trabajador.

Una de ellas es el denominado "*parenting journey*", o acompañamiento al empleado en su faceta como reciente padre/madre, y/o como futuro padre/madre.

De hecho, el *parenting journey* está empezando a formar parte del **salario emocional** de empresas innovadoras, que empiezan a ser conscientes de la importancia de cuidar esta faceta de tus trabajadores. Es en este contexto en el que lanzo como **propuesta y reto** a las empresas que deseen seguir avanzando en su apuesta por el bienestar del empleado (y, por consiguiente, en el bienestar organizacional), que incorporen al mismo la **Educación Prenatal Natural**.
¿Qué es la Educación Prenatal Natural?

Tuve ocasión de esbozarla brevemente en la ponencia "**Educación Prenatal, Iberoamérica y Responsabilidad Social Empresarial**", que impartí en el **II Congreso Iberoamericano de Responsabilidad Social**, organizado por **Empresability** y celebrado en modalidad virtual del 14 al 16 de abril de 2021.

- Dado que el término Educación Prenatal puede dar lugar a confusión, comentaré de nuevo aquí que la Educación Prenatal a la que me estoy refiriendo se ocupa de la preparación a la concepción, la concepción, el embarazo, el parto/nacimiento y la lactancia (aunque genuinamente de las tres primeras etapas), y **NO ha de ser confundida** con otros conceptos tales como estimulación, instrucción, aprendizaje o adoctrinamiento prenatales.

De hecho, se centra esencialmente en:

- El periodo antes de la concepción, mediante una adecuada preparación a la concepción (aplicable tanto al padre como a la madre).

- La gestación, en la que es fundamental una vida saludable. No sólo a nivel físico (nutrición, descanso…), sino también a niveles emocional, mental y espiritual (evitando todo lo que pueda deprimir, angustiar o estresar a la embarazada, y potenciando todo lo que la pueda armonizar, elevar, embellecer).

- El papel de la madre durante la gestación. Y también el del padre. Así como el del entorno afectivo, familiar, social y laboral de la madre.

La Educación Prenatal de la que hablamos tiene lugar de forma natural, y se opera a través de la madre en el ámbito de los procesos naturales del embarazo. Por ello podemos denominarla también "**Educación Prenatal Natural**".

¿Por qué es tan importante la Educación Prenatal Natural?

Para responder a esta pregunta, conviene empezar hablando del amplio consenso existente en la actualidad sobre la importancia de la primera infancia. Y sobre los enormes beneficios, de toda índole, que se derivan de una adecuada atención a este periodo de la vida humana.
Pues bien, cada vez más investigaciones científicas evidencian que dichos beneficios son aún mayores cuando dicha atención se presta en la fase prenatal, a través de la madre embarazada.

Ya que esto repercute muy favorablemente (y de una manera muy superior a la de cualquier otra etapa en la vida) en el futuro ser que está por nacer. Tanto en su desarrollo físico, como emocional, intelectual, en su equilibrio, etc.

De hecho, numerosas investigaciones científicas ponen de manifiesto que es en el periodo prenatal en el que la persona construye las bases de su salud, de su afectividad, de sus capacidades de relación, de su inteligencia, de su creatividad...

Y lo hace por medio de los materiales físicos y psicológicos aportados por su madre, con el apoyo importante de todo su entorno, de sus seres queridos, y de la sociedad en general.

La madre, con sus pensamientos, sus sentimientos, su forma de vivir, sus estados interiores, puede «educar» al niño/a antes de que éste nazca, entendiendo aquí por educación la capacidad de despertar, de desarrollar todas las capacidades latentes en el individuo, ya sean de orden físico, emocional, intelectual o ético.

Podemos decir que lo que la madre vive, su "bebé prenatal" lo vive con ella.
En efecto, durante los nueve meses de gestación todo lo que la madre piensa, siente... se va inscribiendo en el bebé, lo va impregnando, de esta manera se va "educando".
Así pues, es en este sentido que hablamos de Educación, de Educación Prenatal.

Si quieres profundizar más sobre ella te invito a que visites la web de la **Asociación Nacional de Educación Prenatal (ANEP) de España**:
http://anepeducacionprenatal.org/
Educación Prenatal Natural, sostenibilidad y RSE

La **Educación Prenatal** es **clave para el Desarrollo Sostenible**. No olvidemos que, en acertada frase: "El mundo que dejemos a nuestros hijos dependerá de los hijos que dejemos a nuestro mundo".
Asimismo, la **Educación Prenatal** es clave para alcanzar los **Objetivos de Desarrollo Sostenible**. En concreto, su contribución puede ser decisiva para la consecución de los ODS 1 (Fin de la pobreza), 3 (Salud y bienestar), 4 (Educación de calidad), 5 (Igualdad de género), 16 (Paz, justicia e instituciones sólidas) y 17 (Alianzas para lograr los objetivos).

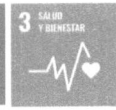

Por lo demás, las empresas pueden desempeñar un gran papel en la **Educación Prenatal** en el marco de su **Responsabilidad Social Empresarial (RSE)**:

- En el ámbito de su **RSE "interna"** (aquélla que tiene como destinatarios a los grupos de interés internos de la compañía), ayudando a sus **empleados** a convertirse en mejores padres/madres, facilitándoles que adquieran las informaciones y habilidades necesarias ante el reto de tener un nuevo hijo/a.

Por ejemplo: **Impartiéndoles formación (cursos, talleres, charlas, conferencias...) sobre Educación Prenatal** (de la misma manera que en algunas empresas ya se imparte formación a sus trabajadores sobre temas tales como: hábitos de vida saludables, nutrición, bienestar emocional, mindfulness, etc.)

- Y en el marco de su **RSE "externa"**, apoyando programas e iniciativas de Educación Prenatal en la **sociedad**, y promoviendo su importancia.

Educación Prenatal Natural y bienestar organizacional

El bienestar del empleado y el bienestar organizacional se están consolidando como aspectos esenciales en las empresas, con un creciente protagonismo tanto en el ámbito de sus políticas de Recursos Humanos, como en función de su estrecha relación con la RSE y la Sostenibilidad. Como he señalado anteriormente, esto era así antes de la pandemia y se ha visto potenciado con ella.

Como también he expuesto anteriormente, dentro del bienestar organizacional la dimensión familiar de los empleados adquiere un papel cada vez más relevante, con el impulso que están cobrando iniciativas como el *"parenting journey"* (acompañamiento al empleado en su faceta como reciente padre/madre, y/o como futuro padre/madre).

Es en este contexto, y una vez que hemos visto ya la importancia de la Educación Prenatal Natural, en el que lanzo a las empresas que quieran seguir avanzando en su apuesta por la **sostenibilidad**, por la **RSE** y por el **bienestar organizacional**, la propuesta **¡y reto!** de que incorporen la **Educación Prenatal Natural**.

Un reto y una llamada a la acción

Un reto que sin duda les aportará inmensos **beneficios a sus empleados, a sus familias, y a la sociedad** en general, contribuyendo así a hacer de la empresa un agente privilegiado en la construcción de **un mundo mejor, más feliz, sano, próspero y sostenible.**

Un reto que, asimismo, le aportará relevantes **beneficios a la propia empresa**. Estos son algunos:

- A nivel **interno:**
    - ✓ Aumento de la **motivación** y el **compromiso** de sus empleados.
    - ✓ Mejor **clima laboral**.
    - ✓ Aumento del **orgullo de pertenencia**.
    - ✓ Impulso del **employer branding**, contribuyendo a **atraer y retener** el mejor **talento**.
    - ✓ Mejor **employee experience**, facilitando una **experiencia del empleado** más satisfactoria.
    - ✓ Impulso del **employee branding**, propiciando que los **empleados** sean los mejores **embajadores de la organización**.
- A nivel **externo:**
    - ✓ Aumento de la **reputación corporativa**.
    - ✓ Mejora del **engagement** con sus **grupos de interés**.
    - ✓ Mayor **confianza** hacia la organización.

Por todo ello, hago una **llamada a la acción** a los **directivos de las empresas** y a los **responsables de los departamentos de Recursos Humanos, RSE, Sostenibilidad, Innovación Social**, y a cualquier otro **líder** que se sienta interpelado a aportar a sus colaboradores y a la sociedad en general los inmensos beneficios que sin duda aporta la **Educación Prenatal Natural**.

No olvidemos que, en acertada frase que ya he mencionado anteriormente, "*el mundo que dejemos a nuestros hijos dependerá de los hijos que dejemos a nuestro mundo*".

Y no olvidemos tampoco que la sociedad, así como todos los grupos de interés de las empresas, demandan cada vez más de éstas **un papel activo en la construcción de un mundo mejor y más sostenible.** Un papel que ha de ser plasmado **tanto dentro como fuera de las organizaciones**, para estar a la altura de las expectativas en este **nuevo paradigma empresarial** que está surgiendo, y del que he comenzado hablando al principio de este artículo.

Muchas y muy sinceras gracias a todas las personas que lo habéis leído.

Recursos y bibliografía

Asociación Nacional de Educación Prenatal (ANEP) España.
http://www.anepeducacionprenatal.org

BERTIN, M.-A. (2006). **La educación prenatal natural: Una esperanza para el niño, la familia y la sociedad**. Madrid: Mándala Ediciones.

CARBALLO, C. y VIZCAÍNO, P. (2017). **Educación Prenatal, Educación para la Paz: Una educación en valores desde el inicio de la vida.** Florencia: Editorial Stella Matutina.

HURTADO, M. (2016). **Importancia de la educación prenatal (desde una mirada a Latinoamérica).** "Apuntes de Pedagogía" del Boletín del Colegio de Doctores y Licenciados en Filosofía y Letras y en Ciencias de Madrid. N.º 260, pp. 17-19.

HURTADO, M. (2020). **Pedagogía Prenatal y Responsabilidad Social Corporativa.** Vídeo ponencia presentada en las I Jornadas Internacionales de Pedagogía Prenatal, organizadas por la Universidad Autónoma de Madrid, la Red Iberoamericana de Pedagogía (REDIPE) y la Asociación Nacional de Educación Prenatal (ANEP) de España. Celebradas en modalidad virtual los días 18 y 19 de noviembre de 2020.
https://www.youtube.com/watch?v=wvdH2-K-nIU

HURTADO, M. (2021). **Educación Prenatal, Iberoamérica y Responsabilidad Social Empresarial.** Vídeo ponencia presentada en el II Congreso Iberoamericano de Responsabilidad Social, EncontraRSE, organizado por EmpresAbility. Celebrado en modalidad virtual del 14 al 16 de abril de 2021.
https://www.youtube.com/watch?v=X9ixeKMLsfI

VERNY, T. (2003). **El futuro bebé: arte y ciencia de ser padres**. Barcelona: Urano.

Ética de la sostenibilidad

Reinalina Chavarri
Directora observatorio Sostenibilidad FEN UChile. Directora en Empresability.
Chile

Cuando surgieron los primeros contagiados del Covid19 nadie pudo prever la magnitud ni consecuencias para la humanidad y administración de sus instituciones. El devenir del virus espoloneó el corazón financiero global y como efecto cascada impactó los ámbitos nacionales de los sistemas públicos de salud, afectación del aparato productivo, presión sistema fiscal, aumento del desempleo y contabilidad nacional, debido al desbordamiento del aparato público frente a una crisis global.

Daniel Innerarity en su reciente libro "Pandemocracia", plantea que nuestra manera de diseñar las instituciones es simple y tiene dificultad para hacerse cargo de asuntos complejos y, añade que, esta pandemia es un riesgo colectivo y que nuestros comportamientos y definiciones hasta ahora han sido individuales, bajo un paradigma lineal. Esta afirmación es extensible a gobernantes, empresarios, organizaciones de la sociedad, incluida la comunidad científica y ciudadanos. Aristóteles planteaba que, una polis o estado es perfecto, cuando entre los contenidos de la ética y del derecho existe completa identificación y el ideal de vida colectivo se encuentra incorporado en los contenidos de su constitución.

En Chile la pandemia logró visibilizar nuestras brechas de desigualdad y pobreza multidimensional, cuyos datos conocíamos, con diferentes estrategias de donación o responsabilidad social de sectores empresariales, sin lograr reducir tensiones entre la autoridad y más de 4 millones de permisos en línea otorgado a ciudadanos para salir a buscar su sustento diario o pertenecientes a aquellas empresas que han cambiado su giro para ser concebidas como "esenciales". Un asunto de justicia, un asunto ético. Frente a tanta incertidumbre y desconocimiento, caminamos por una cornisa de fragilidad aunado a las exigencias de la transformación digital y tecnológica.

Así las cosas, los asuntos ambientales y del calentamiento global siguen su curso. Ciudadanos más conscientes y empresas o nuevos emprendimientos buscan soluciones. Paralelamente, el gobierno intentando despegar la economía, propone reducir impedimentos, que genera la evaluación de impacto ambiental y participación ciudadana, para proyectos de inversión. En Chile el andamiaje institucional demostró en esta pandemia que no está diseñado para equilibrar las preocupaciones actuales con las necesidades de largo plazo. Los resultados, tanto para el mercado como para el sistema político no lo llevan incluido.

Los objetivos de la sostenibilidad requieren asumir el medioambiente como sujeto político, es decir, un sistema político donde las leyes no atente contra la naturaleza sino coadyuve a una gobernanza en aquellos considerados como propios y, especialmente, de aquellos asuntos transfronterizos.

El calentamiento global es uno de ellos. Ni la democracia (por sus ciclos electorales) ni el mercado por sus intereses de corto plazo, pueden comprender esa noción del tiempo, en términos de Innerarity. Mucho menos los ciclos de los territorios y ecosistemas son conocidos por todos los políticos sino por expertos.

Entonces, nuestra preocupación post pandemia es cómo le ofrecemos valor a lo que consideramos común para las actuales y futuras generaciones. Si consideramos que la democracia es el lugar para resolver las controversias, entonces, ¿cómo definimos las instituciones, asuntos y estrategias que ofrezcan sostenibilidad a nuestro país, sin dejar de lado el pluralismo ecológico y económico que hoy nos separa? ¿cuál es la responsabilidad que tienen los gobernantes y los ciudadanos, entre ellos los empresarios, para articular la complejidad, interdependencia y la cooperación para abordar fenómenos globales e impacto local?

En definitiva, cómo logramos ciudadanos que respeten una ética compartida expresada en los contenidos de su constitución y leyes que nos vinculan en lo que consideramos común.

El Tercer Sector, la RSE y la Responsabilidad Compartida

Mayra Flores Álvarez
Directora General Nex Fundraising México
México.

Existen muchos sectores dentro de la sociedad que actúan de manera conjunta y cada día los lazos entre ellas son más estrechos y se interrelacionan por el bien común.

Los retos sociales, económicos y medioambientales se deben afrontar en unión, en donde todos los actores sean corresponsables, por lo que es necesario hacerlo mediante un modelo social innovador que incluya la responsabilidad compartida.

En la última década el tercer sector ha incrementado su capacidad de actuación mediante la profesionalización de sus modelos de trabajo, reporte de resultados, gestión y gobernanza; generando así vínculos de valor compartido con el sector gubernamental, empresarial y organismos internacionales.

Las organizaciones o asociaciones han aumentado su credibilidad y visibilidad... disponen de más apoyo, presupuesto y capacidad de actuación, pero sobre todo al mejorar sus modelos de trabajo han alcanzado mejores resultados, aumentando así su influencia e incidencia en la toma de decisiones en temas relacionados con su objeto social.

En especial la relación entre las organizaciones sin fines de lucro y las empresas han desarrollado un esquema de alianza a largo plazo en donde ambas se nutren y benefician mutuamente.

Por su parte las empresas:

   a. Fortalecen sus políticas y programas de Responsabilidad Social
   b. Impactan positivamente en su cadena de valor
   c. Refuerzan su REPUTACIÓN y POSICIONAMIENTO como una empresa socialmente responsable
   d. Y finalmente generan IMPACTO SOCIAL o MEDIOAMBIENTAL a largo plazo.

Las organizaciones a su vez:

   a. Aseguran el desarrollo de sus programas
   b. Generan IMPACTO SOCIAL o MEDIOAMBIENTAL a largo plazo al igual que las empresas
   c. Y fortalecen su POSICIONAMIENTO como una OSC aliada con el SECTOR PRIVADO.

Es decir, la OSC fortalece la Responsabilidad Social de la Empresa y la empresa fortalece el Impacto Social de la OSC, generando así una verdadera relación de socios.

Para generar este asocio es importante conocer qué aspectos puede llegar a evaluar una empresa para aliarse con una organización de la sociedad civil y viceversa.

Por su parte la empresa evaluará:

- Si la misión de la organización está alineada con sus políticas o programas de RSE.
- Si la OSC está posicionada dentro de su cadena de valor.
- Tiene un reporte financiero (transparente en el manejo de sus fondos)
- Tiene estrategias de comunicación sólidas: página web, redes sociales, presencia en medios, etc.
- Esta legalmente constituida y tiene solvencia fiscal
- Cuenta con una memoria de labores
- Tiene una Junta Directiva con miembros de la empresa privada
- Ha recibido donaciones del sector empresarial
- Opera en la zona de influencia de la empresa
- Sus empleados(as) se benefician directamente de los programas de la OSC
- Están abiertos a realizar actividades de Voluntariado
- Trabajan alineados a los Objetivos de Desarrollo Sostenible, ODS

A su vez las organizaciones evaluarán:

- La Reputación corporativa: legal, fiscal y de imagen
- Políticas de RSE alineadas a la misión de mi OSC
- Tiene un programa de voluntariado
- Abren convocatorias para OSC
- Sus empleados podrían participar en nuestros programas
- Apoyan a otras OSC de mismo sector social
- Sus políticas de RSE están alineadas a los ODS en los que ellos impactan.

Además de las consideraciones anteriormente mencionadas las empresas están conscientes que la mejor contribución que pueden hacer a la sociedad es llevar a cabo sus actividades cumpliendo con los diez principios de la RSE basados en los Derechos Humanos, Normas Laborales, Medioambientales y Anticorrupción.

Afortunadamente, esta relación permite que las organizaciones cuenten cada día con más recursos económicos, en especie y voluntariado profesional especializado para llevar a cabo su misión y las empresas refuerzan su imagen como una empresa comprometida y activa con la sociedad.

Anteriormente se visualizaba la responsabilidad social como algo exclusivo de las empresas dejando a los actores gubernamentales y sociales fuera de cualquier responsabilidad, sin embargo, en los últimos años se ha producido un cambio gracias a un nuevo modelo social basado en la responsabilidad compartida.

El modelo de responsabilidad compartida une a distintos actores para hacer frente a los retos sociales y medioambientales que enfrentamos, en donde todos los actores hablan un mismo idioma, el cual los invita a trabajar en conjunto y unir esfuerzo por una causa en común para generar un impacto real a largo plazo.

Es responsabilidad del Tercer Sector el actuar bajo esta responsabilidad compartida proponiendo y generando propuestas bajo esta visión para lograr la mejora social, es decir, trabajar por el Desarrollo Humano Sostenible.

¿Cuál debe de ser el modelo de Responsabilidad Social a seguir por parte de las Organizaciones sin Fines de Lucro basándonos en las dimensiones expuestas por JAVIER PRADINI Y EDUARDO SÁNCHEZ en su artículo NUEVOS ENFOQUES • LA RESPONSABILIDAD SOCIAL EN EL TERCER SECTOR?

La primer dimensión es la ORGANIZACIÓN:

La organización debe de ser coherente entre sus acciones, objetivos y valores, de ahí la importancia que todos las personas que colaboran en ella los conozcan para que todas sus acciones se desarrollen alineadas a su misión. Desafortunadamente en muchas ocasiones esto no se lleva a la práctica y provocará que al momento de elaborar un proyecto los objetivos y los valores se encuentren desconectados afectando así el "modo de hacer" con la "razón de ser" de la organización.

La segunda dimensión son LAS PERSONAS EN LA ORGANIZACIÓN

Las organizaciones deben de vincular a todas las personas que colaboran en la misma sin importar si reciben una retribución económica por su participación o si lo hacen de manera voluntaria o si son los beneficiarios de los programas; sin importar la diversidad de género, étnica, funcional o lingüística. Los involucrados deben de participar en los procesos de toma de decisiones y en todas las actividades de la organización.
— Generar programas formativos y de acompañamiento para los voluntarios programas y acciones claramente establecidas para vincularlo con la organización.

— Los beneficiarios de los programas son la razón de ser de la organización, son quienes le dan sentido a la misma por lo que se deben observar cuáles son sus necesidades para posteriormente planificar, crear y construir programas acertados, de alto impacto y transformación.

— La Responsabilidad Social comienza en casa por lo que los primeros beneficiados son y deben ser los colaboradores de la organización, otorgando buenas condiciones de trabajo, brindando desarrollo y crecimiento personal y profesional, así como participación en la toma de decisiones. De este modo también se lograrán colaboradores más comprometidos y alineados a la misión y valores de la organización.

La tercera dimensión es la COMUNICACIÓN

De acuerdo con JAVIER PRADINI Y EDUARDO SÁNCHEZ la comunicación se debe analizar desde tres aspectos:

— El contenido de la información: generando contenido debe tener valor alineado a la misión de la organización.
— Imagen Institucional: Mediante la creación de un plan de comunicación estratégico y dirigido a los distintos stakeholders.
— La transparencia: es indispensable la creación de una comunicación transparente debido a que las organizaciones trabajan con recurso económico público y privado, lo cual garantizará relaciones y asocios con sus distintos stakeholders.

La cuarta dimensión es EL RESPETO AL MEDIO AMBIENTE
Las organizaciones deben de integrar en su actuar institucional estrategias de desarrollo sostenible del planeta incorporando la perspectiva medioambiental como eje transversal de su programas y áreas internas.

La quinta y última dimensión es LA INVOLUCRACIÓN SOCIAL CON EL ENTORNO

De acuerdo con JAVIER PRADINI Y EDUARDO SÁNCHEZ un último punto que debe definir la responsabilidad social de las Organizaciones del Tercer Sector es la involucración social con el entorno, el cual puede sonar muy lógico sin embargo muchas organizaciones no toman en cuenta las relaciones con el entorno cercano, es decir con el entorno en donde se establece e interviene el actuar en RED, es decir, buscar vincularse con otras organizaciones del tercer sector y actores claves para ingerir en temas sociales y medioambientales.

Podemos concluir que el modelo de responsabilidad compartida debe ser asumido por las organizaciones del Tercer Sector ya que sus principios se basan en la suma de las voluntades individuales y colectivas por el bien común. Su visión debe alinearse a los principios de la Responsabilidad Social Empresarial y así lograr asocios de valor con las empresas y sus stakeholders en su acción social y medioambiental.

Cualquier persona en cualquier trabajo puede ejercer responsabilidad social empresarial

Bea Boccalandro
Autora de "Do Good at Work" Asesora empresarial en propósito social y RSE. Presidenta de VeraWorks.
USA

Hace unos años, los Medias Rojas de Boston, considerados uno de los mejores equipos para trabajar, ofrecieron a Alex Cora, un puertorriqueño, el puesto de gerente del equipo. Se trataba de un puesto más alto que cualquiera que hubiera ocupado antes y Cora lo aceptó. Pero tenía una condición. Solicitó a su posible empleador que le proporcionara un avión lleno de suministros para ayudar a los puertorriqueños que luchan por reconstruir sus vidas en medio de las ruinas del huracán María.

Los Medias Rojas tienen un equipo de responsabilidad social empresarial (RSE), pero Cora no fue entrevistado para un trabajo en ese departamento; sin embargo, él ejerció la RSE. Al hacer una contribución significativa a otras personas o a una causa social desde cualquier puesto que ocupara, estaba implementando una práctica que denominé "job purposing" en mi libro *Do Good At Work: How Simple Acts of Social Purpose Drive Success and Wellbeing*.

Puede que Cora sea una de las pocas personas lo suficientemente atrevidas como para desempeñarse en un puesto que aún no ocupa, pero no está solo en la práctica del job purposing. Los trabajadores que abarcan muchos tipos de trabajos buscan hacer contribuciones sociales significativas a través de su trabajo diario. Por ejemplo:

- Los limpiavidrios en hospitales pediátricos usan el traje de Batman y otros superhéroes para deleitar a los niños hospitalizados.
- Un instructor de una empresa contable sustituye un caso práctico escrito en su clase de nuevos empleados con asistencia de consultoría a una organización local sin fines de lucro. Los estudiantes ayudan a los representantes sin fines de lucro con sus desafíos contables y los beneficios sin fines de lucro del asesoramiento financiero gratuito.

- Una banda de rock, "The 1975", presenta a la activista medioambiental, Greta Thunberg, que brinda un discurso sobre una de sus canciones.
- Un propietario comercial ofrece sus propiedades vacías a una organización sin fines de lucro que las utiliza como áreas de preparación para limpiezas de vecindarios.
- Aetna, en Hartford, Connecticut, convirtió su azotea en un jardín que purifica el aire y ayuda a reducir la temperatura ambiental.
- El departamento de aprendizaje y desarrollo de una empresa ofrece puestos sin ocupar en su formación de liderazgo al personal de organizaciones sin fines de lucro locales.
- Una empresa de catering ordena al menos el 20 % de su comida a pequeñas empresas dirigidas por mujeres y minorías.
- Un grupo de programadores modifica el juego en línea que su empresa produce para brindar un mejor servicio a personas con discapacidad visual.
- Un equipo de investigación y desarrollo diseña una silla de ruedas para terreno irregular que permite a las personas con poca movilidad disfrutar del aire libre.
- Un asistente de aparcamiento inspecciona los neumáticos y, si el dibujo de la llanta está desgastado, alerta al propietario del coche. También combate las fatalidades en carretera con cada coche que estaciona.
- El gerente de una planta de fabricación dona diez dólares del presupuesto de su departamento a una despensa de alimentos local cada día que su equipo no comete infracciones de seguridad. Los miembros de su equipo luchan contra el hambre cada vez que se ponen el casco o sostienen una escalera para un compañero.

Los Medias Rojas aceptaron sabiamente la condición de Cora. En enero de 2018, el nuevo gerente del equipo y una docena de jugadores y funcionarios de los Medias Rojas distribuyeron suministros médicos, sistemas de filtración de agua, linternas, pañales, comida y otros artículos a 300 familias en Caguas, la ciudad natal de Cora.

Para los profesionales de la RSE, el job purposing es una gran noticia. Esto significa que cualquier empleado puede avanzar en el trabajo de la RSE. El job purposing de Cora, por ejemplo, ayudó a garantizar que cientos de personas pudieran recuperarse de un desastre natural. Imagine cuántas familias más pobres tendrían suficiente para comer, cuántos adolescentes menos privilegiados se graduarían de la universidad y cuánto más agradable sería el mundo si *todos* los empleados de nuestras empresas tuvieran un propósito laboral.

Es lógico, entonces, que los profesionales de la RSE fomenten el job purposing, por ejemplo:

- Incorporar el job purposing en las políticas y los procedimientos de recursos humanos. Campbell Soup Company, por ejemplo, incluye hacer una contribución social en la descripción del trabajo de cada empleado. Del mismo modo, Toyota equipa a los gerentes con herramientas que los ayudan a planificar formas para que los miembros de su equipo tengan un propósito laboral como forma de desarrollar sus carreras.
- Celebrar un concurso entre los empleados para buscar objetivos de job purposing donde se financien e implementen las mejores ideas. La empresa estadounidense de hospitalidad, Caesars Entertainment, aplica esta práctica.
- Redefinir la visión o la misión de la empresa para que se relacione con la contribución social. Por ejemplo, en 1973, Ray Anderson fundó lo que se convertiría en una de las empresas de alfombras y azulejos más grandes del mundo, Interface. En 1994, Anderson empezó a leer sobre temas medioambientales y se sintió horrorizado al descubrir que su empresa estaba continuamente dañando el medio ambiente. En respuesta a esto, redefinió Interface como una empresa "restauradora" con el nuevo cargo de propósito social de "ayudar a los clientes a crear espacios interiores atractivos que tengan un impacto positivo en las personas que los utilizan y en nuestro planeta".[i] La empresa revisó cada proceso en un esfuerzo por generar cero daños en la naturaleza.[ii] Desde 1994, Interface redujo sus residuos de vertederos en un 92 %, sus emisiones globales de gases de efecto invernadero en un 96 % y el uso de energía no renovable en los Estados Unidos y Europa en un 99 %. Anderson murió en 2011, pero Interface continúa en el camino del propósito social que estableció. Varios años después de la muerte de su fundador, la empresa anunció su nuevo objetivo de ayudar a *revertir* la crisis climática mundial.

Sin embargo, los trabajadores tienen que trabajar seriamente. El job purposing, ¿no los distraerá y disminuirá su rendimiento? Resulta que es lo contrario. Al fomentar el job purposing, los profesionales de RSE ayudarán a que sus negocios tengan éxito. Las investigaciones académicas concluyen de forma abrumadora que el job purposing hace a las personas *mejores* trabajadores, no peores.

Concretamente, docenas de estudios descubren que cuando los empleados ayudan a otras personas o apoyan una causa social, no solo son más felices, sino que, sin saberlo, trabajan más, más duro y mejor.

Un proyecto de investigación que realicé en dos empresas españolas y una colombiana sugiere que el job purposing aumenta el compromiso de los empleados en un 20 %.[iii] Una revisión sistemática de todos los estudios relevantes corrobora el vínculo entre el job purposing y el compromiso de los empleados.[iv] Otro estudio sobre los trabajadores que etiquetan imágenes en línea relaciona el job purposing con una mayor cantidad y calidad de trabajo.[v]

El job purposing también aumenta la retención. Ayudé a llevar a cabo investigaciones que sugieren que, en un día cualquiera, el 37 % de los trabajadores de Fortune 1000 considera dejar sus trabajos porque carecen de un propósito social.[vi] Otras investigaciones confirman que los empleados son más propensos a abandonar sus empresas si no tienen un trabajo con propósito.[vii] Además, los beneficios del job purposing se extienden al resultado final. Un estudio, por ejemplo, descubrió que las empresas que habitualmente trabajan con un propósito de trabajo superan al mercado bursátil en más de un 200 %.[viii] No debería sorprendernos que, en el mismo año que el viaje de relevo, Cora dirigió a los Medias Rojas hasta el título de la serie mundial. De hecho, fue la mejor temporada del equipo.

En resumen, el joba purposing es una práctica productiva tanto para los profesionales de RSE como para los líderes de una empresa. Y, lo que es más importante, es una forma de aumentar drásticamente las buenas acciones que las empresas implementan por el mundo. Dicho de forma sencilla, el job purposing podría ser la práctica de RSE más innovadora y prometedora de hoy en día.

---

[i] Interface, *The Interface Story*, Interface website, accessed on January 3, 2020.
[ii] Cornelia Dean, "Executive on a Mission: Saving the Planet," *New York Times*, May 22, 2007; Interface, *Interface Announces Mission Zero Success, Commits to Climate Take Back*, Cision PR Newswire website, November 4, 2019, accessed on December 1, 2019.
[iii] Bea Boccalandro, "Increasing Employee Engagement Through Corporate Volunteering," Voluntare, 2018.
[iv] Blake A. Allan, Cassondra Batz-Barbarich, Haley M. Sterling and Louis Tay, "Outcomes of Meaningful Work: A Meta-Analysis," *Journal of Management Studies* 56, no. 3 (November 12, 2018).
[v] Dana Chandlera and Adam Kapelnerb. "Breaking monotony with meaning: Motivation in crowdsourcing markets." Journal of Economic Behavior & Organization. 2013.
[vi] EarthShare, "The New Business Imperative: Employees Turn Environmental Action into a Workplace Necessity," EarthShare, 2019.
[vii] Christiane Bode, Jasjit Singh and Michelle Rogan, "Corporate Social Initiatives and Employee Retention," *Organizational Science* (November-December 2015).
[viii] Havas Group, "Meaningful Brands® 2017 Reap Greater Financial Rewards as They Outperform the Stock Market by 206%," Havas Group, February 1, 2017.

www.ingramcontent.com/pod-product-compliance
Lightning Source LLC
Chambersburg PA
CBHW030515220526
45464CB00006B/2801